5 Zoopark
607
VMT

Im Oktober 2022 ist Tw 814 vor der Kulisse des Flughafens Erfurt-Weimar zu sehen.

Nahverkehr in Erfurt

Die Überlandlinie 111 führt in den Landkreis Sömmerda. Im Oktober 2016 steht Bus 443^{II} am Rathaus in Gebesee.

Christian Meinelt

Nahverkehr in Erfurt

Stadtbahn- und Omnibusbetrieb von 2000 bis heute

SUTTON

Im Juni 2019 kommt es in der Wendeschleife Melchendorfer Straße zum Aufeinandertreffen der Atw 2^{III} und 3^{V}.

Einband vorne: Tramlink 814 und MAN 521 befinden sich an der Haltestelle Puschkinstraße vor der Kulisse der Thomaskirche am 31. Oktober 2022.
Vorsatz: An der Endstelle Thüringenhalle treffen sich die Duewag MGT6D 603 und MGT6DE 607.
Seite 5: Eine KT4D-Dreifachtraktion und -Doppeltraktion an der Haltestelle Thüringenhalle im Juni 2003.
Nachsatz: Tramlink 806 und 808 warten an der Thüringenhalle auf ihre planmäßige Abfahrt.
Einband hinten: Im März 2001 begegnen sich die von Tw 470 geführte KT4D-Traktion und der Bus 530 vor der Universität in der Nordhäuser Straße.

Impressum
Sutton Verlag GmbH
Schweickhardtstraße 1
72072 Tübingen
www.suttonverlag.de

ISBN: 978-3-96303-432-9
Printed in Poland by CGS
Gestaltung und Herstellung: Sutton Verlag

In diesem Buch wird aus Gründen der besseren Lesbarkeit das generische Maskulinum verwendet. Weibliche und anderweitige Geschlechteridentitäten werden dabei ausdrücklich mitgemeint, soweit es für die Aussage erforderlich ist.

Inhalt

Traditionswagen 92 (Baujahr 1938) befindet sich am 20. Januar 2019 auf Sonderfahrt am Zoopark.

Vorwort

Die zwei Jahrzehnte seit der Jahrtausendwende stellten einen Umbruch in vielerlei Hinsicht dar. Nicht nur wandelte sich der komplette Fuhrpark bei Straßenbahn und Bus, auch die Anforderungen an den Nahverkehr veränderten sich. Der Zuzug von Menschen und der damit verbundene Anstieg der Bevölkerung, der Neubau von Wohn- und Gewerbegebieten, aber auch der Abriss von Wohngebäuden sowie die Verlegungen und Schließungen von Schulen führten zu mehrfachen Neugestaltungen von Linienverläufen.

Beginnend mit dem in den 1990er-Jahren gestarteten Stadtbahn-Programm wuchs das Schienennetz in Richtung Osten und Westen der Stadt. Der Einsatz des ersten Combinos im Jahr 2000 ebnete den Weg zum vollständig mit Niederflurfahrzeugen bedienten Stadtbahnnetz im Jahr 2014, das im Jahr 2021 durch die Beschaffung von zwölf Neufahrzeugen des Herstellers Stadler verjüngt wurde.

Die Wandlung des Busnetzes über die letzten gut 20 Jahre verlief nicht weniger ereignisvoll. Wiederholte Umstrukturierungen waren durch verschiedene Umstände unumgänglich. Neben Anpassungen, die durch den Ausbau des Stadtbahnnetzes notwendig wurden, führte eine Veränderung der Zuteilung von Bedienungsregionen zum Wegfall mehrerer Linien im Jahr 2010. Ebenso beeinflusste die Errichtung verschiedener Logistikzentren den Fahrzeugbedarf. Mit einem vollständigen Austausch des Fahrzeugparks über zwei Jahrzehnte wurde auch der Bestand an Bussen wesentlich verjüngt und führte zum planmäßigen Einsatz von Niederflurfahrzeugen auf allen Linien. Mit dem Einsatz von modernen Hybridantrieben wurde auch ein Schritt zur Erhöhung der Nachhaltigkeit getan.

Demografische und gesellschaftliche Veränderungen werden den Nahverkehr in Erfurt auch in Zukunft vor neue Herausforderungen stellen, für die weiterhin Anpassungen und Neuanschaffungen vonnöten sein werden, um den steigenden Bedarf zu decken, da dem ÖPNV mehr und mehr Bedeutung zukommt.

Blick vom Domplatz in die Marktstraße mit dem Turm der Allerheiligenkirche im Hintergrund.

1

2000–2009: Der Erfurter Nahverkehr im neuen Jahrtausend

Im März 2000 verlässt eine KT4D-Dreifachtraktion die Wendeschleife im Rieth.

An einem Morgen im April 2000 ist der Tw 452 auf dem Anger vor der Kaufmannskirche zu sehen. Am rechten Bildrand das im Umbau befindliche Kaufhaus.

Im Mai 2000 stehen die Busse 526 und 120^{II} an der Haltestelle Ulan-Bator-Straße, die im darauffolgenden Jahr zum Verknüpfungspunkt Europaplatz umgestaltet wird.

Insgesamt sechs Fahrzeuge vom Typ MAN NL202 wurden 1992 beschafft und standen bis Ende 2001 im Einsatz. Bus 122^{II} pausiert im August 2000 am Busbahnhof.

Kurz vor seiner Ausmusterung erklimmt der Bus 527, ein Vertreter des zweitürigen Typs Ikarus 280.03 (Baujahr 1989), den Riechheimer Berg. Im Hintergrund das namensgebende Dorf.

Bis in die frühen 2000er-Jahre gab es im Überlandbusverkehr einige Fahrzeuge, die in den Ortschaften außerhalb der Stadt übernachteten. Im Rahmen einer Sonderfahrt trifft Bus 527 in Walschleben den „Heimschläfer" Bus 528.

Im Oktober 2000 ist Bus 308 vom Typ Ikarus 260.43 (Baujahr 1989) an der Haltestelle Gamstädt als Sonderfahrt zu sehen.

Der noch nicht einmal ein Jahr alte Tw 626 vom Typ Combino Basic im Januar 2001 an der Haltestelle Ilversgehofener Platz.

Blick auf den Busbahnhof mit vier verschiedenen Fahrzeugtypen im April 2001. Im Hintergrund hat der Umbau des Platzes mitsamt Neubau eines unterirdischen Parkhauses bereits begonnen.

Am 15. November 2001 war der letzte planmäßige Einsatztag von Bussen der Marke Ikarus im Erfurter Liniennetz. Geschmückt mit einem Blumenstrauß drehte Bus 530 bis zum frühen Nachmittag noch einmal seine Runden auf der Linie 20/50 und ist hier in Mittelhausen zu sehen, während der ebenfalls geschmückte Erdgasbus 506 bereits in der Bahnhofstraße wartet.

Gegen 14.30 Uhr fand an der Haltestelle Hauptbahnhof der Generationswechsel statt. Bus 506^{II} übernahm die Fahrgäste des ankommenden Busses 530. Anschließend nahm dieser zusammen mit Bus 519 an der Grubenstraße zu einem Abschiedsfoto Aufstellung.

Im Juni 2001 sind die Umbauarbeiten am zukünftigen Verknüpfungspunkt Europaplatz in vollem Gange. Das ursprüngliche zweite Gleis wurde bereits zurückgebaut, während rechts schon der neue Verlauf zu sehen ist.

Kurz vor Ende des Jahres 2001 zeigt sich Tw 604 im verschneiten Brühler Garten.

Die Busse von Typ Mercedes-Benz O405N waren die ersten Neufahrzeuge der Nachwendezeit und auch die ersten Niederflurbusse in Erfurt. Im April 2002 hält Bus 103^{II} (Baujahr 1991) an der Haltestelle Kaffeetrichter.

Bus 413^{II} ist im nachmittäglichen Schülerverkehr auf der Linie 112 in Andisleben unterwegs. Dieses Fahrzeug ist eines von vier 1997 beschafften Vertretern des Typs N4021 in zweitüriger Überlandausführung.

Im April 2002 sind die Atw 21^{II} und 2^{III} hintereinander an der Ausstiegshaltestelle Windischholzhausen zu sehen. Ein Jahrzehnt später wird dieser Umsteigepunkt komplett neu gestaltet.

Eine der ersten Ganzreklamen an Niederflur-Tw trug Tw 615, den dieses Bild im Juli 2002 im Bereich der Wendeschleife Melchendorfer Straße/Agentur für Arbeit zeigt.

Der erste Einsatz einer Traktion aus drei- und fünfteiligem Combino fand im August 2002 statt, hier zu sehen zwischen Melchendorfer Markt und Drosselberg.

An einem Spätsommernachmittag im September 2002 pausiert Bus 132[II] vom Typ Neoplan N316L (Baujahr 1994) an der Grubenstraße, um wenig später seine Fahrt im Schülerverehr fortzusetzen.

Bus 108^{II} vom Typ Kässbohrer Serra S215UL aus dem Baujahr 1992 ist im Oktober 2002 auf der Linie 65 in Melchendorf im Einsatz.

Im Juni 2002 traf mit Tw 628 das erste Fahrzeug vom Typ Combino Advanced in Erfurt ein. Hier ist er auf dem Tieflader kurz vor der Einfahrt in den Betriebshof Urbicher Kreuz zu sehen.

An Wochenenden im Sommer und Herbst 2002 wurde der Einsatz eines Fahrradanhängers hinter Bussen der Linie 155/163 getestet. Im September 2002 erreicht das Gespann den Busbahnhof, um anschließend noch eine Fahrt Richtung Dachwig durchzuführen.

Auch Erfurt erhielt nach der Wende Gebrauchtfahrzeuge aus den alten Bundesländern. Bus 212^{II} vom Typ MAN SL200 (Baujahr 1980) stammte aus Mainz und stand bis 2004 im Einsatz.

Bus 211^{II} diente von 1996 bis 2008 als Infobus. Im Dezember 2002 wurde er für die Gepäckaufbewahrung der Besucher des Weihnachtsmarktes am Domplatz genutzt.

Im April 2005 ist Bus 309^{II} auf der Linie 65 im Wohngebiet Kleiner Herrenberg unterwegs und verlässt gerade die Haltestelle Kammweg.

Bis zum Umbau im Sommer 2003 befand sich die Haltestelle Hauptfriedhof für die Busse in Richtung der Dörfer westlich von Erfurt in Straßenlage. Dort steht im Januar 2003 Bus 107^{II} als Linie 92.

Bis Mitte der 2000er-Jahre bestand an Samstagen ein kostenloser Busverkehr zum Domäne-Markt in Bindersleben. Der mit passender Reklame versehene Bus 135^{II} verlässt im März 2003 den Parkplatz auf dem Weg zum Busbahnhof.

Seit dem Jahr 2003 verkehrt an Wochenenden und Feiertagen im Frühling und Sommer der Radwanderbus auf den Linien ins Ilmtal. Bus 406^{III}, das erste mit Fahrradständern umgebaute Fahrzeug ist im April 2003 in der Stauffenbergallee zu sehen.

Seit Mitte der 1990er-Jahre kommen Traktionen aus Niederflur-Tw zum Einsatz. Im Mai 2003 durchfahren die Tw 602 und 603 im Rahmen des Umbaus der Wendeschleife am Hauptfriedhof die Haltestelle Berufsschulen.

Im Zuge der Schienen- und Straßensanierung in der Rudolfstraße befährt die von Tw 515 geführte Dreifachtraktion den eingleisigen Streckenabschnitt.

An einem Abend im Juli 2003 verlässt Tw 702 gerade den Betriebshof Urbicher Kreuz, während im Hintergrund Tw 703 auf dem Tieflader von seinem Aufenthalt in Cottbus zurückkehrt und ein Gelenkbus einrückt.

Im Jahr 2003 waren vier Niederflurfahrzeuge leihweise im spanischen Valencia im Einsatz. Die Teile des Tw 609 sind hier bei ihrer Rückkehr am Haarberg zu sehen.

Aus der Lieferung des Baujahrs 1993 stammt Bus 113^{II}. Im Sommer 2003 pausiert er am Stausee Hohenfelden.

Im Jahr 1993 wurden weitere Fahrzeuge vom Typ O405N beschafft. Bus 128[II] steht im Sommer 2003 an der Haltestelle Rieth, die einige Jahre später komplett umgestaltet wird.

Bei Bus 150[II] vom Typ Neoplan N316K (Baujahr 2001) handelt es sich um einen ehemaligen Vorführwagen des Herstellers, der in Erfurt fast ausschließlich im Ausflugsverkehr zum Einsatz kam. Im März 2004 verlässt er die Blücherstraße mit einer Schulklasse.

Blick von der Fußgängerüberführung auf das Wohngebiet Moskauer Platz im April 2004. Bus 503^{II} verlässt gerade die Haltestelle Hanoier Straße in Richtung Daberstedt.

Einige Jahre befand sich in Hochheim eine separate Haltestelle für Fahrten in Richtung Molsdorf/Mühlberg. Bus 417^{II} (Baujahr 1998) hält an der Haltestelle Mühlgraben als Linie 170.

Busse mit Ganzreklame sind im Vergleich zur Straßenbahn selten. Im April 2004 treffen sich die Busse 511'' und 502'', die beide auffällige Eigenwerbungen tragen, an der Endhaltestelle Daberstedt.

Seit der Jahrtausendwende wurde Tw 512 fast ausschließlich für Sonderfahrten eingesetzt. Im August 2004 ist er am Huttenplatz zu sehen.

Der 1997 gebaute Midibus vom Typ Neoplan N4011 mit der Nummer 138^{II} war vorrangig auf der Linie 65 im Einsatz. Im Oktober 2004 passiert er die zum Abriss vorgesehenen Plattenbauten am Großen Herrenberg.

Über mehrere Jahrzehnte trugen Straßenbahnen in Erfurt Reklame für das lokale Brauerzeugnis. Die mit identischer Werbung versehenen Te 640 und 641 treffen sich am Färberwaidweg.

Bauarbeiten im Gleis- und Haltestellenbereich Drosselberg erforderten im November 2004 den Einsatz eines Wendezugs, bestehend aus den unechten Zweirichtungs-Tw 405 und 435.

Tags darauf war der Tw 603 im Einsatz, der sich hier in der Haltestelle Melchendorf mit Tw 616 trifft und dessen Fahrgäste übernimmt.

Im Nachtverkehr kamen und kommen gelegentlich auch solo verkehrende dreiteilige Combinos zum Einsatz. Tw 704 steht im November 2004 vor dem Angermuseum.

Am Marcel-Breuer-Ring befindet sich seit 2000 der Umsteigepunkt zu den Bussen in die Ortschaften östlich von Erfurt. Im Januar 2005 hat Bus 502^{II} seine Fahrgäste abgesetzt und wird in Kürze seine nächste Fahrt starten.

Bus 124ᴵᴵ verlässt auf der Linie 35 im Februar 2005 die verschneite Haltestelle Eugen-Richter-Straße.

Eine der ersten Probefahrten der Neubaustrecke nach Bindersleben fand mit dem Tw 711 statt, der dafür von der Gleisstopfmaschine des Erfurter Gleisbaus gezogen wurde. Hier erreicht das Gespann gerade den Flughafen.

Im März 2005 hält Bus 302^II an der heute nicht mehr vorhandenen Haltestelle Hermann-Brill-Straße am Großen Herrenberg. Im Hintergrund sind bereits entkernte Plattenbauten zu erkennen.

Bus 310^II wurde in rotem Lack geliefert und erhielt eine Beklebung für die Disko-Linie 33 („Red Dog“), die verschiedene Diskotheken der Stadt anfuhr. In einer März-Nacht nimmt er am Anger Fahrgäste auf.

Im Rahmen von Sanierungsarbeiten weilten Combinos aus Nordhausen in Erfurt. Eine Besonderheit stellten die mit einem Dieselmotor betriebenen Duo dar. Einer dieser Triebwagen ist im Juni 2005 im Rahmen einer Probefahrt am Wiesenhügel unterwegs.

Die fünf 1995 gelieferten Vorortbusse vom Typ N4015 waren eine Gemeinschaftsproduktion von Neoplan und Scania. Bus 137[II] wartet als Linie 80 im Oktober 2005 am P+R-Platz Messe auf Fahrgäste.

Die Busse 114^{II} und 116^{II} erhielten in der zweiten Hälfte ihrer Einsatzzeit eine abweichende Lackierung. Beide sind im Dezember 2005 als Schienenersatzverkehr für die Deutsche Bahn eingesetzt.

Heck an Heck gekuppelte KT4D-Tw kamen über viele Jahrzehnte im Baustellenbetrieb zum Einsatz. Im Rahmen einer Sonderfahrt durchfährt die Traktion aus den Tw 521 und 498 die Baustelle an der Salinenstraße mit dem neuen Abzweig in Richtung Rieth.

Seit über 20 Jahren gehören Traktionen aus 30m- und 20m-Combinos zum Alltag in Erfurt. Tw 645 mit 706 ist hier vor dem ehemaligen Technikzentrum am Buchenberg zu sehen.

Im Januar 2007 hat die von Tw 635 geführte Combino-Traktion gerade den Verknüpfungspunkt am Europaplatz verlassen und ist auf dem Weg in Richtung Innenstadt.

Aus den Tw 623 und 625 besteht diese Combino-Traktion, die im Juni 2007 als Verstärker zum Flughafen-Fest im Einsatz ist.

Auf Abnahmefahrt sind im März 2005 die Tw 712 und 711 auf der Überfahrt am Huttenplatz unterwegs.

Während der halbjährigen Sanierung der Eisenbahnüberführung am Nordbahnhof kamen ausschließlich Tatra-Fahrzeuge und die MGT6D des ersten Baujahres zum Einsatz. Im Juli 2008 überquert Tw 490 die Brücke von der Grubenstraße kommend, während Tw 603 im September auf der anderen Seite zu sehen ist.

Veranstaltungsbedingt kommen auf der Linie 2 regelmäßig vergrößerte Züge zum Einsatz, wie hier im Oktober 2009 die Traktion aus den Tw 607 und 610, die gerade die Endhaltestelle Ringelberg erreicht.

Immer wieder kam es zur Reaktivierung bereits abgestellter Tatra-Fahrzeuge. Aus diesem Grund ist Tw 519 im November 2009 als Probefahrt unterwegs zum Wiesenhügel.

2

2010–2014: Die letzten Jahre der Hochflurfahrzeuge

Durch heftigen Schneefall kam es Ende Dezember 2010 zu teilweise erheblichen Einschränkungen, die zu ungewöhnlichen Einsätzen führten. Dazu gehörte unter anderem der KT4D-Wendezug, der zwischen Gothaer Platz und Brühler Garten pendelte.

Der als Schienenersatzverkehr eingesetzte hochflurige Bus 153^{II} verlässt gerade den Bahnhofstunnel.

In der Nacht von Silvester auf Neujahr ist der Tw 450 als Sonderfahrt im Einsatz und hier auf dem noch immer stark verschneiten Anger zu sehen.

Wenige Wochen vor seiner Außerdienststellung ist Bus 149II im Januar 2011 auf der Linie 9 im Einsatz und fährt unter der Straßenbahnbrücke am Nordbahnhof hindurch.

Seit vielen Jahren ist der Werkverkehr zwischen dem Christophorus-Werk und dem zugehörigen Wohnheim Bestandteil des Busverkehrs. An einem Märznachmittag hat Bus 151II gerade das Gelände verlassen.

Seit 2000 ist Bus 209^{II} Bestandteil der Sonderfahrzeugflotte. Seitdem das Dach entfernt wurde, kann er als Cabrio-Bus gemietet werden. Hier ist er im Juli 2011 als Altstadt-Tour in der Kettenstraße unweit des Domplatzes unterwegs.

Altstadt-Tour
209
M·A·N
EF SL 201

Mehr als ein halbes Jahr verkehrte die Linie 92 im Umleitungsverkehr zum Betriebshof Nordhäuser Straße. Der 2007 gelieferte Bus 160II vom Typ Setra S415NF ist hier im März 2011 auf Höhe der Haltestelle Riethstraße zu sehen.

Auf der an Sonn- und Feiertagen wenig ausgelasteten Linie 20 ist Kleinbus 206IV im August 2008 im Rieth unterwegs.

Ein Einzelstück war Bus 139^{II} vom Typ Neoplan Transliner N316K, der im Jahr 1998 nach Erfurt kam. Im Oktober 2011 bedient er die Haltestelle Gutenbergplatz, die nur im Schülerverkehr angefahren wird.

Der Atw 3^{V} ist im Winter regelmäßig mit einem Schneepflug bestückt. Hier räumt er im Februar 2012 die Wendeschleife Kranichfelder Straße.

Der 2002 beschaffte Fahrradanhänger kam im Verlauf der folgenden Jahre bei Ausfällen des Radwanderbusses zum Einsatz, hier im Mai 2012 hinter Bus 156^{II}.

Zwei verschiedene Bauformen des Typs Combino treffen sich im Mai 2012 in der zu dieser Zeit noch zweigleisigen Wendeschleife Grubenstraße: Tw 723 (Combino Classic) und Tw 651 (Combino Advanced).

Aus der 1999 gelieferten Serie von acht Gelenkbussen des Typs Neoplan N4421 stammt Bus 421II, der hier im Juli 2012 an der Haltestelle Webergasse hält.

Einen seltenen Auftrag hatte der Atw 1III, als er im Februar 2013 den zum Verkauf vorgesehenen Tw 526 zum Betriebshof Nordhäuser Straße überführte.

Über 20 Jahre Altersunterschied liegen zwischen diesen Fahrzeugen: Der 1991 gebaute Bus 107^{II} trifft im Juli 2013 am P+R-Platz Messe auf Bus 178^{II} aus dem Jahr 2012.

Idyllisch gelegen ist die Endhaltestelle Schloss Molsdorf der Linie 51. Der im Vorjahr gelieferte Bus 438^{II} pausiert im August 2013, bevor er kurz darauf seine Fahrt fortsetzt.

Htw 178^{II} ist im März 2014 gemeinsam mit Hbw 274^{III} in der Steigung zwischen Melchendorfer Markt und Drosselberg unterwegs.

Aus der im Jahr 2005 gebauten, fünf Fahrzeuge umfassenden Lieferung von Bussen des Typs Setra S315UL stammt der Bus 154^{II}, der im Juni 2014 an der Haltestelle Hochheim zu sehen ist.

Rund ein Jahr war der Tw 520 als zweiter KT4D noch mit Beschleunigersteuerung für Stadtrundfahrten im Einsatz. Im Juli 2014 fährt er aus dem Bahnhofstunnel Richtung Stadtpark.

Weitere sechs Busse vom Typ Citaro kamen 2008 nach Erfurt. Im Gegensatz zu ihren Vorgängern hatten diese nur zwei Türen. Im September 2014 hält Bus 168^{II} an der Haltestelle Waldhaus im Steigerwald.

3

2015–2019: Mit der Niederflurtechnik in die Zukunft

Zwei weitere Citaro in Überlandausführung kamen im Jahr 2014 nach Erfurt. Einer davon, Bus 183^{II}, ist im Januar 2015 an der Endhaltestelle in Töttelstädt zu sehen.

Einige Jahre nach seiner Indienststellung wurde auch bei Kleinbus 205^IV eine Klimaanlage nachgerüstet. Hier steht er an der Schulbushaltestelle Hirnzigenweg.

Ein Einzelstück war der im Jahr 2006 gelieferte Bus 311^II vom Typ Neoplan N4516CNG. Im Februar 2015 ist er in Gispersleben auf der Linie 10 im Einsatz.

Zur Erprobung waren im Jahr 2015 zwei Elektrobusse bei der EVAG zu Gast. Der Bus des Herstellers Sileo ist im März auf der Linie 9 im Einsatz. Am Marcel-Breuer-Ring ist im September das Vorführfahrzeug von eBus Europa unterwegs.

Über mehrere Jahre wurden zwei Gelenkbusse für den Transport zu Fußballspielen vorgehalten. Die mit entsprechenden Werbefolien beklebten Busse 506^{II} und 504^{II} warten im April 2015 am Juri-Gagarin-Ring auf ihren Einsatz.

Zwei niederflurige Überlandbusse vom Typ Setra S415NF kamen im Jahr 2007 nach Erfurt. Häufig waren sie auf den am Flughafen beginnenden Linien 91/92 unterwegs, wie hier Bus 159^{II} im Mai 2015.

Im Jahr 2010 erhielt die EVAG sechs Busse vom Typ MAN A21 (Lion's City). Bus 176^{II} hält im Juni 2015 an der Haltestelle Karl-Reimann-Ring im Wohngebiet Roter Berg.

Ländlich gelegen ist die Endhaltestelle am Ortsrand von Waltersleben. Dort hält im September 2015 Bus 154^{II}.

Die letzten dreitürigen Solobusse kamen 2007 nach Erfurt. Bus 162[II] steht im April 2016 an der Haltestelle Möbisburg, Denkmal.

Im Juni 2016 ist Bus 442[II] in Witterda an der Haltestelle Breite Straße zu sehen. Das gerade einmal zwei Jahre alte Fahrzeug wird Erfurt wenige Monate später wieder verlassen und im darauffolgenden Jahr durch ein Austauschfahrzeug ersetzt.

Bus 158^{II} (Baujahr 2006) vom Typ Kässbohrer/Serra S415 war ebenfalls ein Einzelstück. Er verfügte über einen Hublift, der in den zweiten Einstieg integriert war. Im Juli 2016 ist er unweit der Südschwimmhalle unterwegs.

Als Bus 179^{II} im Juni 2018 aufgenommen wurde, hat er kurz zuvor den Verknüpfungspunkt Marcel-Breuer-Ring verlassen.

Der im Juni 2018 nahe des Nordbahnhofs aufgenommene Bus 448II stammt aus der vier Gelenkbusse vom Typ Citaro C2 umfassenden Lieferung, die im Jahr 2015 gebaut wurde.

Die bisher letzten fünf Gelenkbusse vom Typ Citaro C2 kamen 2017 nach Erfurt. Im Juni des darauffolgenden Jahres hält Bus 451II an der Haltestelle Häßlerstraße.

Bus 430^{II} vom Typ Mercedes-Benz o530G (Citaro, Baujahr 2006) hält im Juli 2018 an der Haltestelle Tettaustraße in der Nähe des Gothaer Platzes.

Weitere fünf Busse des Herstellers MAN kamen im Jahr 2016 nach Erfurt. Bus 191^{II} ist im Juli 2018 unweit des Busbahnhofs unterwegs. Links ist die Baustelle eines Hotels zu sehen.

Bus 429'' fährt im Januar 2019 in den Umsteigepunkt Europaplatz ein, um wenig später seinen Einsatz auf der Linie 95 zu beginnen.

An der Endstelle Zoopark ist der Bus 194'' im September 2018 angekommen. Nach seiner Pausenzeit setzt er die Fahrt in Richtung Stotternheim, Am Teiche fort.

Ein Vorführfahrzeug mit Hybridantrieb des Herstellers MAN weilte im März 2019 in Erfurt. Eingesetzt auf der Linie 52 ist er an der Haltestelle Zalando Nord im Güterverkehrszentrum zu sehen.

Dieses Foto zeigt den im Jahr 2019 gebauten Bus 195'' an einem seiner ersten Einsatztage kurz vor dem Tunnel am Schmidtstedter Kreuz. Die Fußgängerüberführung wird Jahre später durch einen Neubau ersetzt.

Ein weiterer Solobus vom Typ Citaro C2 kam im Jahr 2015 nach Erfurt. Er erhielt die Nummer 189^{II} und ist hier im April 2019 in Daberstedt zu sehen.

Bus 175^{II} wartet im April 2019 an der nur zu bestimmten Tageszeiten genutzten Haltestelle an der Grundschule in Stotternheim.

Im Jahr 2012 kamen drei Busse vom Typ Citaro in Überlandausführung nach Erfurt. Im Mai 2019 ist Bus 177^{II} als Altstadt-Tour in der Nähe des Brühler Gartens unterwegs.

Zwei weitere Fahrzeuge vom Typ Citaro in Stadtausführung sind seit 2012 im Einsatz, hier Bus 181^{II} im Mai 2019 an der Haltestelle Ruhrstraße.

Bus 157^{II} wurde während seiner gesamten Einsatzzeit in Erfurt auch für die Fahrschule genutzt. Im Juni 2019 ist er an der Haltestelle Thielenstraße zu sehen.

Auf einer ungewöhnlichen Strecke ist der Überlandbus 195^{II} im Sommer 2019 unterwegs, als er als Linie 10 den Umsteigepunkt Europaplatz verlässt. Gut zu erkennen ist die Einzeltür vorne.

Der im Jahr 1989 gebaute Bus 314 vom Typ Ikarus 260.43 ist als Sonderfahrzeug nach wie vor im Bestand der EVAG. Im August 2019 hält er an der Endstelle Urbicher Kreuz.

Zum historischen Fahrzeugpark gehört auch der Bw 274^{III}, der im Jahr 2000 aus Gotha nach Erfurt kam. Im August 2019 ist er am Stadtpark hinter Atw 2^{III} zu sehen. Auffällig sind die unterschiedlichen Rückleuchten.

Im Jahr 2019 beschaffte die EVAG einen Kleinbus, der bei TS Fahrzeugservice auf Basis eines Iveco Daily 65 gebaut worden war. Im August desselben Jahres ist er am Europaplatz als Linie 10 zu sehen.

Ende der 1990er-Jahre begann man damit, schwach ausgelastete Fahrten an einen Subunternehmer zu übergeben. Seit 2017 führt diese Fahrten die Firma Röse-Reisen durch. Eingesetzt werden Kleinbusse unterschiedlicher Kapazitäten, wie hier im September 2019 an der Haltestelle Blücherstraße.

4

Ab 2020: Der Nahverkehr im modernen Zeitalter

Im Jahr 2006 gelangte dieses Gespann, bestehend aus Zugmaschine und drei Anhängern, nach Erfurt, das vom italienischen Unternehmen Dotto Trains gebaut worden war. Planmäßig eingesetzt als Altstadt-Tour hier vor dem Torbogen der Zitadelle Petersberg.

Im Januar 2020 ist Bus 440^{II} zwischen Dielsdorf und Markvippach auf der Linie 141 unterwegs.

Bus 450^{II} wurde in Erfurt als Ersatzfahrzeug eingesetzt. Dieses im April 2020 entstandene Foto zeigt ihn unweit der Endstelle Daberstedt.

Im Jahr 2020 gelangten insgesamt 14 Busse des Herstellers MAN mit Hybridsystem nach Erfurt. Bus 326 vom Typ 12C ist in der Weimarischen Straße unterwegs (oben), Bus 528^{II} vom Typ 18C hält an der Haltestelle Eislebener Straße (unten).

In einem seltenen Einsatzgebiet ist im Januar der Bus 326 unterwegs, als er zwischen Riechheim und Hohenfelden aufgenommen wurde.

155 Erfurt, Busbahnhof
326
SWE EVAG VMT
Wir bewegen Erfurt
MAN
EF NV 326

Aus der im Jahr 2014 gelieferten Serie an Citaro-C2-Fahrzeugen stammt Bus 188^{II}, der im Juni 2020 an der Haltestelle Rhoda zu sehen ist.

Htw 92 ist regelmäßig für Sonderfahrten im Einsatz. Im Januar 2021 war er zur Abwechslung als Fahrzeug für eine Fahrerschulung unterwegs, als er die Wendeschleife Melchendorfer Straße befährt.

Anfang Februar 2021 kam es durch starken Schneefall zu erheblichen Einschränkungen im Nahverkehr. Die Stadtrundfahrt-Traktion aus den Tw 512 und 530 kam dabei kurzzeitig auf der Linie 2 zum Einsatz.

Kleinbus 207^{IV} kann auch für Stadtrundfahrten gemietet werden und erhielt dafür Seitenreklame. An einem Sonntagmorgen im Mai 2021 ist er auf der Linie 9 unterwegs.

Die ersten Erprobungsfahrten des Tramlinks fanden in der Nacht statt. Im April 2021 ist Tw 801 noch in „Tarnbeklebung" im Bahnhofstunnel zu sehen (oben), während im Juli desselben Jahres gemeinsam mit Tw 802 Schlepp- und Schiebefahrten getestet wurden, hier im Brühler Garten. (unten)

An einem seiner ersten Einsatztage ist der 2021 beschaffte Bus 199ᴵᴵ vom Typ Iveco Crossway PRO an einem Augustmorgen am Gewerbegebiet Südost zu sehen.

Während einer Probefahrt ist Tw 805 ohne die Schürze an der Fahrzeugfront unterwegs und ermöglicht so einen Blick auf das dahinterliegende Prallelement.

Als Ersatz für den durch einen Brand zerstörten Bus 150^{II} wurde im Herbst 2010 ein ehemaliges Vorführfahrzeug vom Typ Setra S415HD übernommen, der jedoch nur für Sonderverkehre eingesetzt wird.

Immer wieder ist der Atw 2^{III} im Netz zu sehen, meist im Winterdienst oder wie hier im September 2021 zum Schmieren der Gleise im Erfurter Norden.

Sechs weitere Hybrid-Busse kamen 2021 nach Erfurt. Im September desselben Jahres erreicht Bus 331 den Busbahnhof.

Im Februar 2022 ist Atw 1^{III} im Büropark Airfurt unterwegs, um durch Benetzung mit einem Schutzmittel die Fahrleitung gegen Vereisung zu schützen.

4
SWE EVAG

Im September 2022 pausiert Atw 4^{IV} in der Wendeschleife Melchendorfer Straße.

Nach mehrjähriger Umbauzeit ist der Atw 4^{IV} seit Ende 2021 einsatzfähig. Sein Haupteinsatzgebiet ist das Saugen und Schleifen der Gleise. Er verfügt zusätzlich auch über einen zweiten Stromabnehmer zum Witterungsschutz der Fahrleitung und eine Vorrichtung zum Anbringen eines Schneepflugs.

Im September zeigt sich der wenige Tage zuvor in Dienst gestellte Tw 805 vor der historischen Kulisse des Fischmarkts.

Häufig ist auch der Htw 190^{II} zu bestellten Sonderfahrten auf dem Streckennetz anzutreffen, wie hier im Januar 2022 in der Nähe des Angers.

Mit etwas Verspätung machte sich der letzte Tramlink auf den Weg nach Erfurt. Hier pausiert der Tieflader mit dem vorderen Fahrzeugteil auf einem Autobahnrasthof.

In den Sommerferien 2022 weilt der Tw 802 zu Vorführzwecken in Erfurts Partnerstadt Mainz.

Meist wird Bus 199II für Fahrschulfahrten eingesetzt und erhielt dafür nachträglich größere Außenspiegel. Im August 2022 ist er auf der Linie 111 im Einsatz.

Pünktlich zu Beginn des meteorologischen Winters zeigt sich Tw 813 nahe der Haltestelle Färberwaidweg im Dezember 2022.

Fahrzeugpark der Erfurter Verkehrsbetriebe (Stand: 31.12.2022)

Straßenbahn				
Nummer	**Hersteller**	**Typ**	**Baujahr**	**Bemerkungen**
1^{III}	CKD Praha	KT4DMC	1979	Schienenschmier- und Werkstattwagen; ex Tw 430
2^{III}	CKD Praha	T2D	1968	Schienenschmier- und Werkstattwagen; ex Tw 140
3^{V}	CKD Praha	T2D	1967	ex Tw 37 Gotha
4^{IV}	CKD Praha	KT4DMC	1987	Schleif- und Saugwagen; ex Tw 520
13	Eigenbau		1988	Wassertankwagen; ex Kastenkipper
15	Eigenbau		1969	Güterlore
21^{II}	VEB Waggonbau Gotha	G4	1965/67	A-Teil ex Tw 201 Gotha, B-Teil ex Tw 185
92	Gothaer Waggonfabrik	Erfurter Einheitstriebwagen	1938	
178^{II}	VEB Waggonbau Gotha	G4	1965	ex Tw 206 Gotha
190^{II}	VEB Waggonbau Gotha	G4	1967	ex Tw 214 Gotha
274^{III}	VEB Waggonbau Gotha	B2	1967	ex Bw 73 Gotha
275^{II}	VEB Waggonbau Gotha	B2	1969	ex Bw 76 Gotha
512	CKD Praha	KT4DMC	1986	
522	CKD Praha	KT4DMC	1987	
530	CKD Praha	KT4DMC	1987	
601 - 604	DUEWAG / Siemens	MGT6D	1994	
605 - 609	DUEWAG / Siemens	MGT6DE	1996	
610 - 616	DUEWAG / Siemens	MGT6DE	1998	
621 - 627	Siemens	Combino Basic 5-teilig	2000	
628 - 634	Siemens	Combino Advanced 5-teilig	2002	
635 - 644	Siemens	Combino Advanced 5-teilig	2003	
645 - 656	Siemens	Combino Advanced 5-teilig	2005	
701 - 707	Siemens	Combino Advanced 3-teilig	2002	
708	Siemens	Combino Advanced 3-teilig	2004	
709 - 712	Siemens	Combino Advanced 3-teilig	2005	
713 - 724	Siemens	Combino Classic 3-teilig	2011	
801 - 814	Stadler	Tramlink Erfurt	2021	

Bus				
Nummer	**Hersteller**	**Typ**	**Baujahr**	**Bemerkungen**
107^{II}	Mercedes-Benz	O405N	1991	Sonderfahrzeug
171^{II} - 176^{II}	MAN	A21 NL283	2010	
177^{II} - 179^{II}	Mercedes-Benz	O530LE (Citaro)	2011	
180^{II}	Setra	S415HD	2010	Sonderfahrzeug; ehemals Vorführfahrzeug
181^{II} - 182^{II}	Mercedes-Benz	O530 (Citaro)	2011	
183^{II} - 184^{II}	Mercedes-Benz	O530LE (Citaro C2)	2014	
185^{II} - 188^{II}	Mercedes-Benz	O530 (Citaro C2)	2014	
189^{II}	Mercedes-Benz	O530 (Citaro C2)	2015	
190^{II} - 194^{II}	MAN	A21 NL323	2016	
195^{II} - 198^{II}	MAN	A21 NÜ283	2018	
199^{II}	Iveco	Crossway PRO	2021	
201^{IV}	Dotto Trains	TM 970	2006	Sonderfahrzeug; Zugmaschine
202^{IV} - 204^{IV}	Dotto Trains	TM 970	2006	Sonderfahrzeuge; Anhänger
207^{IV}	Iveco / TS Fahrzeugservice GmbH	Daily 65	2019	
209^{II}	MAN	SL200	1980	Sonderfahrzeug; Cabrio-Bus
314	Ikarus	260.43	1989	Sonderfahrzeug
321 - 326	MAN	12C NL360 Hybrid	2020	
327 - 332	MAN	12C NL360 Hybrid	2021	
433^{II} - 436^{II}	Mercedes-Benz	O530G (Citaro)	2009	
437^{II} - 441^{II}	Mercedes-Benz	O530G (Citaro C2)	2012	
443^{II}	Mercedes-Benz	O530G (Citaro C2)	2014	
444^{II} - 445^{II}	Mercedes-Benz	O530G (Citaro C2)	2014	
446^{II} - 449^{II}	Mercedes-Benz	O530G (Citaro C2)	2015	
450^{II}	Mercedes-Benz	O530G (Citaro C2)	2017	Ersatzfahrzeug für 442
451^{II} - 455^{II}	Mercedes-Benz	O530G (Citaro C2)	2017	
521^{II} - 528^{II}	MAN	18C NG360 Hybrid	2020	

Bildnachweis

Kevin Hartmann: S. 2, 17, 19 unten, 20 oben, 21 unten, 22 oben, 23, 24 oben, 26 unten, 27, 28 oben, 28 unten, 29 oben, 30 oben, 42 oben, 43–49, 50, 51 unten, 52–62, 63 unten, 64–69, 70 unten, 71–73, 74 oben, 75 unten, 77 oben, 79 oben, 85 oben.
Christian Meinelt: Einband vorne, Vorsatz, S. IV, 4, 6, 8–16, 18, 19 oben, 20 unten, 21 oben, 22 unten, 24 unten, 25, 26 oben, 29 unten, 30 unten, 31–37, 38 oben, 38 unten, 39–41, 42 unten, 51 oben, 63 oben, 70 oben, 74 unten, 75 oben, 76, 77 unten, 78, 79 unten, 80–84, 85 unten, Nachsatz.

Quellen

Literaturquellen

Erfurter Verkehrsbetriebe: *EVAG in Fahrt – Zehn Jahre Erfurter Verkehrsbetriebe AG* (2000).
Hans Wiegand: *Die Erfurter Straßenbahn*, München 2001.
Christian Meinelt und Peter Kalbe: *Die Straßenbahn in Erfurt*, Erfurt 2018.

Sammlungen/Archive

Christian Meinelt: Verkehrsarchiv und Sammlung (Erfurt 1998–2022)
Kevin Hartmann: Verkehrsarchiv und Sammlung (Erfurt 2002–2022)

Ebenfalls erhältlich ...

ISBN 978-3-86680-250-6

ISBN 978-3-95400-911-4

SUTTON
www.suttonverlag.de

806